停止
怒氣內耗

你不必好脾氣，但不要一直生悶氣！
轉念笑看大小事，100帖最實用的平心靜氣安神方

怒らない100の習慣

戶田久實 著
日高直人 繪圖
蔡昭儀 譯

目次

2章 緩和情緒，找回平常心

4章 淡定化解人際關係的大小怒氣

5章 讓自己開心

前言

你不必好脾氣，但不要一直生悶氣

你有沒有易怒的煩惱？

在職場或私底下遇到不擅長應付的人、工作遇到干擾、事情不能如期進行、感覺理想與現實落差很大……日常生活中有各種會令我們產生「怒氣」的事情。

日積月累的怒氣，讓我們每天都精疲力盡。

但是，你知道嗎？這些怒氣，可以靠我們自己調整心態來減緩。

我開設情緒管理講座三十年來，輔導超過二十萬人，大多時間都在傳授大家如何透過溝通達到相互了解的方法。我的指導對象有公司經營者、主管、職業婦女、學生等各種身分，廣泛接觸過各種階層的人後，我發現「憤怒」這個課題不分男女老少，每個人都會遇到，是一種非常自然的情緒。

正因為如此，我們才要學會好好地處理怒氣。

生氣不必忍耐，也不要假裝沒事，我們應該要認識怒氣，坦然接受從心底湧上來的情緒，必要時甚至可以向對方傳達自己的憤怒。

只要能做到這些，日常生活或言行舉止就不會輕易受怒氣影響了。

所以，我希望大家都能夠學會有智慧地「管理」怒氣。

我的研習講座和諮詢是專門講授「情緒管理」這門心理訓練課程，告訴大家如何妥善處理怒氣。

至今，已經有一百七十萬人體驗過日本情緒管理協會的課程，我們每天都會收到許多這樣的回饋：

「人際關係的煩惱大幅減少了。」

「遇到與自己不同想法的人也不再有壓力。」

「我不會輕易被憤怒影響了。」

透過實踐我們介紹的情緒管理方法，甚至可以變成不易動怒的體質。

我將在本書分享這些情緒管理的觀念和技巧，告訴大家不再被憤怒影響日常生活的祕訣。

在第一章，我會先介紹如何與怒氣共處、了解憤怒的本質、怒氣湧上來時應該要怎麼應對，以及如何在感覺到自己生氣時，仍與人保持良好的關係。

例如，在「疼惜動怒的自己」這個主題中，我們會從有別於以往的角度來看待憤怒，說不定原本令人煩躁的生氣就變成了溫柔的憐惜。

除此之外，我還會告訴大家如何將怒氣的負能量轉化成自我成長的力量，請務必參考。

在第二章，我會教大家培養緩和怒氣的習慣。

生氣的時候不隨著憤怒起舞，而是設法緩和下來。

例如為怒氣評分，或是讓心情平靜的一句話，看著鏡子微笑等，保證是每個人都做得到的方法。只要堅持實踐，漸漸就能心平氣和看待怒氣了。

第三章的主題是，打造不易動怒的體質。

在這個章節中，我會介紹各種讓你不被憤怒影響的方法。而且都是可以立刻實踐的技巧，不只能讓心靈和身體更健康，還會幫助你帶著愉悅的心情入睡，大家一定要試試看。

第四章則要分享在人際關係中減輕怒氣的方法。

例如，應付愛炫耀又高高在上的人、被對方的激烈情緒牽動時、被人追問隱私等各種討厭的人際情境，在日常生活中遇到棘手的對象，該如何巧妙應付過去，而不是獨自生悶氣。

學會反擊的方法，你就不會再感到焦慮。

最後，第五章想讓大家學會取悅自己，並重視這點。

你平常會刻意做些什麼事來讓自己開心嗎？

其實，滿足自己是一件非常重要的事。

例如，規畫一個休息充電的時段、學習插花或薰香來讓自己放鬆等，生活中我們常常會因為忙碌而疏忽或推遲的事情，都會在這章介紹給大家。

為自己安排一個固定時間，做些開心的事，自然而然就會變得不容易生氣，只要不是太嚴重的意外，應該都能「一笑置之」，大幅減少無謂的發怒。

每一天都彌足珍貴，幸福的時間越多越好。

本書所介紹的這一百帖終結怒氣的妙方，任何人都能輕鬆上手、付諸實踐，若是看到了感覺還不錯、有興趣的主題，希望各位一定要試試看。

如果能夠幫助大家擺脫怒氣內耗，我將感到非常榮幸。

戶田久實

第 1 章

與憤怒
和平相處

1

100

暫停六秒鐘

當你感覺怒氣湧上來時，先等六秒鐘。

因為六秒鐘之後，你的理性機制會啟動，避免你被憤怒的情緒影響言行。

當我們動怒時，最想避免的就是做出因為憤怒而做出情緒性的行為。例如，亂砸東西、口出惡言、暴力行為、與人抬槓、用言語攻擊對方等，事後才後悔不已。

因生氣而造成的失控行為若一再發生，不但傷害別人，也會讓自己陷入孤立，搞得人際關係一塌糊塗……完全沒有任何好處。

所以，感覺自己快要動怒的時候，記得先暫停六秒鐘。

這時候，你應該可以感受到理性逐漸恢復。

為了維持良好的人際關係，為了培養不受怒氣影響的體質，「暫停六秒鐘」是一個很好的習慣，希望大家可以從這個小技巧作為起點試試看。

2

100

自然地感受怒氣

憤怒是人類本能產生的自然情緒反應，所以我們沒有必要去刻意否定其存在。或許大家會覺得「生氣＝不好」，但是感覺生氣或發怒並不是一件壞事。必須生氣的時候，要大方地表現出來，一直憋在心裡，總有一天會承受不了，反而一口氣爆發出來……

敢怒不敢言可能會使你厭惡自己，甚至否定自己，所以千萬不要無止盡地壓抑自我真實的心情，適度把怒氣發洩出來才是重點。好好將自己的感覺，還有希望對方怎麼做，清楚明白說出來。最重要的是不能太情緒化，適切地傳達自己的想法，也不會破壞雙方的情誼。

心裡產生怒氣時，先告訴自己「這是很自然的事」，敞開心胸接納這個情緒。

3

100

疼惜動怒的自己

憤怒也是一種防衛情緒（為了保護自己而產生的情緒）。

當我們感覺心靈或身體的安寧或安全受到威脅時，就會用憤怒來應對，這是人類的本能，因防衛機制啟動而出現的情緒。

例如，想像你在人潮擁擠的車站階梯往下走時，突然有人從後面衝撞過來，害你差一點摔下去，這時候你一定會很生氣吧。

還有，自尊心受到別人的言語或行為傷害時，你也會生氣吧。諸如此類，不僅是為了保護自我的心靈和身體安全，也為了保護自己重視的人事物，我們有時會用生氣來應對。

所以，當你感覺怒氣時，先對自己說：「這是因為我很疼惜自己。」

藉著怒氣的出現，你反而會產生更高的覺察，發現原來自己會在意這些事情。用這種角度來解讀憤怒，就可以練習更溫柔地接受心裡產生的怒氣。

4

100

清楚區分「應該要生氣的事」與「不必動怒的事」

「那時候我應該要生氣……」「為什麼那時候不說出來……」如果我們一直這樣後悔，漸漸就會傾向負面思考，甚至終日鬱鬱寡歡。也有人會事後才反過來埋怨自己不敢生氣，夜夜輾轉難眠。為了避免後悔，我們平常就要劃分清楚該生氣和不該生氣的事。

如果你認為這件事「我一定要說」、「不說會後悔」，就大膽地「說出來」。如果停下來想一想，覺得「這個嘛……不說也沒關係吧」，那就「不說」。自己先定好區分的標準，日後想清楚了，若還是覺得「這應該要讓對方知道」，再表達出來。

不過，事後才說的話，要注意避免「早就想告訴你了……」這種說法。不妨多說一句：「我還在想該怎麼告訴你這件事，沒想到已經過了這麼多天，真的很抱歉。」再說出你真正想說的話。

5

100

減少「話說得太重」的後悔

憤怒，是一種能量強大的情緒。因為它很強烈，所以我們總是容易被牽動，常常情不自禁把話說得太過分……

尤其是當我們感受到巨大的憤怒時，難免會用非常強烈的語氣，或是斥責貶損的用詞來壓制對方。

怒火中燒時往往無法冷靜，等到事後發現自己說得太過分，卻已經追悔莫及。其實只要事後還能察覺「剛剛說得太過分了……」，就應該要立刻向對方道歉。覺得後悔就大方說聲「對不起」，也不會太遲。這正是握手言和的契機，要好好表達自己的誠意。但是，如果可以避免，「話說出口才後悔」的情況還是越少越好。如先前所介紹的，當怒氣產生時，先暫停六秒鐘，等待理性啟動再進行下一步。

6

100

付諸行動，先試試看

憤怒是人的自然情緒，一旦產生，不是說停就能停的。但是，我們可以學著控制它，嘗試「與憤怒和平相處」。

例如，有時候我們雖然很煩躁，但是遇到重要的人，或是工作上來往的客戶打電話來，還是會打起精神，強顏歡笑去應對。

情緒管理，是學習與憤怒和平相處的心理訓練，無法只靠知識或資訊就能學得會。我舉一個例子，假設你希望「學會踢足球」，買了一顆足球，讀了足球相關的書，卻還是不會踢，這是理所當然的事吧。要學會踢足球，就必須實際行動、實地下場練習。

情緒管理也一樣，最重要的是，每天提醒自己，盡可能在日常生活中親身實踐，主動覺察並控制情緒。只要願意馬上行動，這是每個人都做得到的事。漸漸地，你會發現想要有意識地控制怒氣，難度將越來越低。

7

100

化怒氣為動力

既然憤怒的情緒有那麼強大的能量，我們不妨把將它轉變成行動力。

當我們因為別人的輕蔑戲耍感到氣憤、怒氣一股腦兒衝上來時，何不反過來利用這股負面情緒的力量，像彈簧一樣，推動自己做些什麼，化消極為積極，說不定能獲得意想不到的好結果。

比如說，被別人嘲笑太胖，那就振作起來，努力減重。

工作上表現不佳時，就將懊惱化成動力，奮力扭轉局面。

只要能夠轉念，憤怒就會是行動的契機、目標成果的良好原料。

做好情緒管理，利用憤怒的能量，轉化成有建設性的行動。

學會理解憤怒的性質，好好地控管情緒收放，能促使我們成長。訓練自己將憤怒化為正向的力量，變成行動力，是一個很好的習慣。

8

100

不傳染怒氣

大家聽過「情緒傳染」嗎？

情緒會向周遭傳染，像是「高興」、「悲傷」，這些情緒都會傳染，而憤怒是具有強大能量的情緒，更是容易傳染給周遭的人。

有時候身邊的同伴表現出「好高興！」「好開心」的樣子，我們也能感受到當下開朗歡樂的氣氛。大家都有過這樣的經驗吧。

憤怒也一樣。如果一個場合裡有人焦慮躁動，這種煩躁的情緒也會傳染給其他人。就算沒有與對方直接發生衝突，心情還是會莫名地覺得很不好，所以我們要懂得盡量不被身邊的人傳染這種焦躁的情緒。如果真的很棘手，至少不要任由對方憤怒的情緒繼續擴散到你身上，趕緊離開現場才對。

同樣地，日常生活中，我們也要注意自己的情緒，不能毫無顧忌地發洩，把怒氣傳染給別人。

9

100

不隨便「以為」

面對某些人，你會覺得「可以暢所欲言」，但遇到有些人，你卻會謹慎以對「不敢亂說話」。然而，我們通常面對親近的人，憤怒很容易變本加厲。

這算是憤怒的一種特質吧。

對於長期一起相處的伴侶、家人、同事，我們常常自以為「他應該會照我說的去做……」、「不用說也應該知道……」，有時相處上反而毫無顧忌。

若是不太熟的對象，我們多少會客氣一點，也不太敢隨便動怒。但是對身邊親近的人，通常一有煩躁的情緒，就會直接發洩出來。我們必須知道，這也是憤怒的一種性質。

當你想對心裡重視的人發脾氣時，請試著先冷靜看看。不要直接發洩情緒，保持這樣的意識，刻意去控制情緒收放。

只要平常多加注意，就能維繫好彼此間的關係和諧。

10

100

不強迫別人「應該這麼做」

每個人都有一套「應該這麼做」的價值觀，然而生活中常常會發生這樣的情況，有些人只要價值觀不被認同，就會感到煩躁，並忍不住指責對方。

個人的價值觀沒有所謂的「對」或「錯」。為了防止無謂的生氣，當我們想要對別人傳達意見時，只要說「我自己很重視這個想法」，其他就不要多做評判。

一直堅持「應該這麼做」的想法，只會徒增自己煩躁的機會，越執著越痛苦。組織或團隊要做重大決定時，必須先對原則達成共識。至於個人的價值觀，不能強迫對方妥協，這是一定要堅守的界線。

「關於○○，我自己是這麼想的，有人不這麼認為，或是有其他想法，每個人看法各有不同也很好。」這樣看待事情，心裡就會輕鬆很多。

11

100

阻斷憤怒的連鎖反應

日本情緒管理協會的理念當中，有一句口號：「阻斷生不完的氣！」憤怒這種情緒，面對越是親近的對象就越強烈，還會在權力關係中由上往下連鎖反應。若不做好情緒管理，任由憤怒影響自己，就會發生上司對部下、父母對孩子的連鎖反應。

然而，如果每個人都能從自身開始實踐情緒管理，就可以阻斷憤怒的連鎖反應，不會再傷害到心愛的人，也不會互相指責，讓社會變得更和諧。

情緒管理是每個人都能做到的事，不論性別、年齡、職業、學位，只要單純地反覆進行，所有人都可以簡單實踐。

下一章開始，我將會詳細介紹緩和怒氣的小祕訣，當你快要生氣，或是處在火冒三丈的氣頭上時，就可以利用這些方法來練習情緒管理，一起來試試看吧！

第 2 章

緩和情緒，找回平常心

12

100

給怒氣評分

我們的眼睛看不見怒氣，所以怒氣一出現，人就會不知所措，不自覺地受到情緒影響。其實，當你覺察到自己生氣時，可以在心裡為這個情緒打分數，從〇到十分，這樣能幫助你快速掌握內在狀態，比較知道接下來該怎麼做。

分數的等級分別是，〇分：完全感覺不到怒氣的狀態；一～三分：有點煩躁，但很快就會忘記的輕微動怒；四～六分：過了很久心裡還是很介意的生氣；七～九分：感覺快要腦充血的強烈憤怒；十分：全身顫抖的激烈暴怒。

一有煩躁的感覺，就趕緊在心裡給情緒打分數。打分數是需要理智的行為，這能讓你迅速抽離憤怒的情緒，避免怒氣影響外在行為表現，還可以幫助我們了解自己常因為什麼事生氣，找出容易引爆自己的怒點或憤怒的習慣傾向。

怒氣產生時，有意識地將憤怒數據化，就可以快速冷靜下來。

13

100

事先準備魔法咒語

世界上的人形形色色，與人相處難免會遇到不愉快的事。這時如果有一句話可以讓心情瞬間平靜下來，就能轉換情緒。例如，有些人常用的「不要緊，不要緊」、「這沒什麼」，或者自己想一句專屬的魔法咒語。只要能讓自己冷靜下來，甚至是喜歡的美食或是寵物的名字都好。

當我們感覺理智線快要斷掉，就利用啟動理智的六秒鐘，在心裡默念自己獨有的魔法咒語。有了這句神奇的句子，在關鍵時刻可以讓我們很快變得客觀，鎮定情緒。

這個方法也能幫助我們遇到事情不會輕易因憤怒而失控，學會釋懷與看開。

「其實這也沒什麼大不了。」像這樣事先準備好一句朗朗上口的魔法咒語，隨時隨地都能派上用場。

14

100

離開現場

當我們與人陷入爭論時，常常容易情緒失控。這時最好的方法就是先離開現場，刻意留一段重新整理心情的「暫停時間」。

運動比賽都可以喊暫停，然後再重啟比賽，我們生氣的時候，當然也可以喊聲暫停再重新開始。暫時離開現場時，要記得告知對方回來的時間，找個地方深呼吸，做做伸展運動，喝杯水，讓心情冷靜下來。這麼做，可以避免怒氣一發不可收拾，讓你平靜地好好面對憤怒的情緒。

藉由「暫停時間」，也讓雙方有機會各自冷靜下來，平心靜氣思考下一步。

生活難免有不愉快的時候，學會控制情緒的妙招，就可以隨時巧妙運用，避免情緒過度內耗。

停止怒氣內耗

15

100

緩緩地深呼吸

我們感覺煩躁時，就是交感神經正處於主導位置。想要讓心情冷靜下來，可以試著深呼吸，藉此活躍副交感神經。這時候，重點在於專注呼吸，一分鐘四到六次，每次約十到十五秒。尤其要專注吐氣的時間，花四秒鐘從鼻腔吸氣，再慢慢地吐氣八秒鐘。重複兩至三次後，副交感神經就會變得活躍，使我們的心情沉靜下來，趕走多餘的怒氣。

一點也不困難，只需要一點點時間，心情感到異常煩躁、惱火的時候，就提醒自己停下來，深深地呼吸。

對於容易情緒化的人、總是累積怒氣的人，這個方法特別有效。處理情緒時，記得保持冷靜，只要平時多加注意，就能逐漸養成習慣，讓自己遇到事情不再那麼容易動怒，或三天兩頭就氣呼呼。

16

100

仔細觀察手邊的東西

一旦生氣就會一發不可收拾的人，思緒通常會在過去或未來之間來回跳躍。想到過去發生的事便怒火中燒，惦記著總有一天要討回公道，對未來則只有悲觀的聯想。當你發現自己又想起不愉快的過去或擔憂未來，陷入負面情緒的漩渦中，試著看看手邊的事物。

例如手上的筆、手機或電腦等，什麼都好。仔細觀察，關注「當下」，心思集中在眼前的事物，就不會想東想西了。這個小小的舉動，可以讓你不再繼續受憤怒影響，也不會自己越想越生氣。

強烈的憤怒會讓情緒失控，當你想起過去生氣的經驗，越想越不甘心而感到怒火沖天，或是開始擔憂不好的未來，就試著把心思拉回來。一個簡單的小動作將能幫助你輕鬆地轉移煩躁的心情。

17

100

一句鼓勵自己的話

理智線快要斷掉的時候，一句正面鼓勵的話語，可以瞬間將怒氣吹散。

平時先想好一句鼓勵自己的話，感覺到怒氣來襲時，就馬上對自己說出那句神奇小語。

例如，婆婆對家事吹毛求疵，或是公司前輩一副頤指氣使的態度，遇到這種惱人的情境，我們的情緒難免會有波動，覺得這些人實在很囉唆，這時候一定要懂得引導自己轉變心情。

所謂鼓勵自己的話，可以像是：「這也是個成長的機會。」「有了這個經驗，下次可以改進。」「情況比昨天好多了！」等等，試著在心裡默念正向的句子。依照煩躁的程度，也可以運用不同的溫暖語句消除心中的不快。

事先想好一些可以瞬間鼓勵自己的話，日常生活中一定有派上用場的機會。

18

100

對著鏡子揚起嘴角

當我們煩躁的時候，表情會變得僵硬，甚至面目猙獰。

這時可以試著揚起嘴角，強顏歡笑也能提升副交感神經的作用，調整自律神經，讓自己放鬆。

先改變表情，啟動副交感神經，情緒自然會冷靜下來。

我曾經遇過一位客戶，是個五十來歲的男性主管，就對於這個技巧深有同感。以前女兒曾對他說：「爸爸你的臉好可怕。」他聽了之後，一照鏡子才發現原來自己平常就是「一副生氣的樣子」。之後他便開始練習微笑，在公司也隨時注意表情，漸漸地，越來越多部下會主動來找他攀談聊天，他們的表情也變得越來越輕鬆。很神奇吧，只是個人表情稍作改變，就能讓週遭的人反應改變這麼多。

生氣煩躁時，記得將嘴角上揚，簡單地重新調整心情。

19

畫出憤怒的樣子

我們總是處理不好憤怒的情緒，有很大的原因在於情緒是看不見、抓不到的存在。在兒童情緒管理的課程中，有時我們會讓孩子用圖畫來表現憤怒的情緒。這個方法的彈性很大，通常我們把人分為理性思考的左腦型與凡事靠直覺的右腦型，而透過繪畫來處理情緒、消化怒氣，無論是哪種思考類型的人都適用。

不光是小孩子，大人生氣時也可以去想像「現在的憤怒是什麼樣子」，將情緒視覺化。憤怒是什麼形狀？有多大？什麼顏色？它會動嗎？還是靜止的？是怎樣的觸感？有溫度嗎？是熱的？還是冷的？

放飛自己的想像，把憤怒的樣子隨心所欲畫出來。拿起筆實際描繪，情緒就會更具象，甚至你也可以幫它取名字。請大家一定要試試這個方法。

停止怒氣內耗

20

100

不再執著無能為力的事

現實生活難免有無可奈何，我們經常會遇到完全束手無策的事。除了自己以外的人事物，例如面對家人的個性、價值觀或行為等，或許你總會納悶：「怎麼會這樣？」卻又無力改變他人與事情的發展，只有自己的憤怒和壓力不斷堆積。

然而，你要知道，我們還有一個選擇叫做「放棄」。

有人認為「放棄」是消極的態度，但其實絕無此事，它也表示「看透一切」的心境。被束手無策的事困住，害自己陷於煩躁，都只是浪費時間。不如轉換心情，去做些「以前就想嘗試的事」。

例如，走進大自然，散步、喝茶、看書等，做什麼都好。

無能為力就放下吧，人生很長，我們還要繼續前行。

21

100

告訴自己「總會有辦法的！」

心裡有氣的時候，越是糾結「怎麼辦……怎麼會這樣!?」，就越無法冷靜思考，相信大家都有過這樣的經驗。

「真是的！怎麼會發生這樣的事？」發生突發狀況、諸事不順的時候，如果自己先慌亂起來，情況會越來越糟。這時應該先深呼吸，告訴自己：「一定有辦法！冷靜冷靜。」

例如，「怎麼做才能改善情況呢？」想些這類可以幫助自己調整心情的話。只要相信一切「總會有辦法的」，最後就一定能想出好幾個可行的方案。

慢慢地深呼吸，然後思考「應該怎麼做才好？」，專注在這個想法上，讓心情沉靜下來。

生氣或日子不順心的時候，就試著默念：「總會有辦法的！」

22

100

關注那些「我做得還不錯」的事

易怒的人在成長過程中，身邊通常都有期待過高的父母或師長，使他們被迫與周遭其他人比較。

這樣的人常會帶有偏見，認為「凡事做得好是理所當然，做不好的事就應該要如何如何……」，這種思維也讓他們吃足苦頭，容易陷入「我很沒出息」、「我根本比不上○○」的迷思。但是，你一定有某個特質、能力是比其他人優秀的。

想想看，有哪些事你覺得「這方面我比較厲害」，或者「雖然還不是很完美，但若能做到七成，也很不錯了」，那就是你可以放大關注的地方。

沒有人是完美的，關注在自己做得到、擅長的事，就不會一直糾結「應該要如何如何……」而時常生悶氣了。

23
100

嘆一口氣

一般人對嘆氣都沒有什麼好印象，但其實這並不是一件壞事。平常的疲勞或煩惱累積到一個程度，我們就會開始煩躁，呼吸變得淺而急，身體可能因此陷入缺氧的狀態。連帶使腹部和胸部的肌肉緊繃，身體變得僵硬。這個時候「嘆一口氣」，就有鬆弛緊張、調整自律神經的效果。

當你壓力累積到一定程度，開始感覺煩躁時，試著長嘆一口氣。盡情地嘆氣，釋放出全身的力氣，舒緩緊張。

「呼——」將一口氣吐盡。

如果在家中，當然就可以盡情釋放。若是在公司，不妨找一個沒有人、或是不引人注意的地方，例如洗手間，好好地嘆口氣。

這也是隨時隨地都可以做得到的方法，各位務必要試試看，充分感受嘆氣的神奇效果。

24

100

刻意改變慣常模式

人通常會無意識地重複固定的行為模式。

一旦這個模式偏離，不能照原本的習慣進行，就會感覺有壓力，開始煩躁。

為了能夠彈性地應付這種變化，不妨偶爾故意改變一些平常的行為模式。例如搭電車時，刻意不坐平時習慣的車廂，或是換個路線。在常去的咖啡店點一杯從來沒喝過的飲品。早上起床轉到平時不看的電視頻道。

刻意改變日常模式，訓練自己更彈性地面對變化。不需要改變一切，從比較容易適應的事物開始就好，一件一件慢慢改。一旦你知道如何改變模式，在生活其他領域要改掉壞習慣也就相對容易了。例如，發起火來就會失控地對著同一個人責罵同樣的事，或是不自覺做出對方討厭的行為，這些都可以有意識地改變，修正自己對怒氣的反應。

第 3 章

打造不易動怒的體質

25

100

保留一個可以安定情緒的地方

保留一個自己可以安定情緒的地方，是很重要的事。如果有一個地方，我們可以做最真實的自己，還有能完全接納自己的夥伴，就再好不過了。

在那裡，我們可以忘記日常忙碌的生活，專注自己的興趣，一定能消解壓力。令人感到安心的地方，除了是心靈的支柱，也有助於我們活得更從容自在。就算承受著壓力、或是感覺煩躁，只要來到這個地方，亂糟糟的情緒很快就能得以舒緩。除了公司或學校，有家人或好友的場合、興趣同好的社團、讀書會、社區協會等，只要是你中意的都可以，加入一些社群團體，找到能讓你感覺「這是個接納我的地方」。

如果你還沒有可以安心參與的社群，不妨現在試著找找看。一定有一個能滿足條件又適合你的地方，這將為你帶來意想不到的心靈平靜。

有氧運動

要保持心靈的平靜，適度的運動也很有效。

當我們生氣煩躁時，有氧運動或伸展可以幫助緩解暴躁的心情、穩定身心。激烈的運動達不到放鬆的效果，不會過度疲勞的運動才能有效且健康地消解壓力。例如健走或游泳等有氧運動，能刺激大腦產生緩和壓力的「腦內啡」，以及被稱為幸福激素的「血清素」，有助於打造不易動怒的體質。

相反的，喝悶酒、暴飲暴食，長時間上網、打遊戲、賭博、抽菸等，這些活動或許能暫時讓你忘記壓力，但是卻很容易上癮，並不是消解壓力的好方法。

要期待身心都有放鬆的效果，就養成做有氧運動的習慣吧。

27

100

想像理想的未來

有時候心裡的怒氣實在無法平息，這時不妨試著想像「使你動怒的問題已經完全解決」，讓心情轉為積極正面。

如果是生氣會一直鑽牛角尖、滿腦子都想著「一定要討回公道」的人，或許可以試試這個方法。想像煩惱已經圓滿解決的未來，抽離了憤怒的心情，才會有餘裕開心起來。一旦我們明白真正的目標，也釐清了情緒糾結的理由，要採取積極的態度讓事情繼續往好的方向發展，就不再是難事了。

要成功想像令你動怒的問題順利解決了，有一個訣竅，就是盡量思考「圓滿的結局」，或是具體想像希望發展的結局，這樣可以使願望更容易實現。

如果真的想像不出來，利用薰香或是溫熱眼罩，先讓五感放鬆下來，也會有幫助。

28

100

別生氣啦！自備心情轉換清單

當我們覺得悲傷、寂寞，心裡有負面情緒或是疲勞的時候，就容易動怒。為了讓負面情緒更好地紓解消散，我們可以準備一張應付這種心情的清單。

例如，心情很差的時候就做〇〇，根據壓力程度，列出轉換心情的各種方法。另外還可以用時間來區分，十分鐘可以做的事，二十分鐘、一小時、半天、一天，依時間長度不同做成一份清單。

開車兜風、按摩、看一場比賽、看電影、芳療等，都是常見的選項。一站健走、看一場電影、沖一杯好喝的咖啡、在家裡做菜、伸展運動等，這些也不錯，可以依個人喜好多準備一些活動。

在需要的時候，拿出事前準備好的心情轉換清單，任意挑一件事來做，好過於一直消沉地陷在負面情緒中，真的值得一試。

睡眠很重要

有充分的睡眠才不會累積壓力，人一天至少要熟睡六到七小時。如果睡眠不足，情緒會變得難以控制，常常情緒不穩或易怒。手機、電腦這類電子產品會讓大腦持續處於興奮狀態，無法好好休息，睡前要盡量避免使用，才能提升睡眠品質。

降低體溫也是改善睡眠品質的重要因素，睡前不要泡熱水澡，也不要喝咖啡或其他含咖啡因的飲品，想要一夜好眠，這些都是平常要注意的細節。

選一套觸感舒適的床單和枕頭，穿上質感舒服的睡衣，再用薰香幫助自己好好入睡，全都試試看，找出適合自己的方法。

睡飽了，人就會感覺輕鬆，身心輕盈，煩躁困擾也就少一大半了。

停止怒氣內耗

30

100

就寢前回想美好的事物

睡前偶然想起白天發生的不愉快，然後就再也睡不著了，相信大家都有過這種經驗。這時候必須轉移焦點，不要任由心思一直在煩躁的事上打轉。例如，想想被人道謝或得到誇獎這類開心的事，不但幫助入睡，早上睡醒整個人也會覺得神清氣爽。

不過，有時候一旦想起了氣人的事，要刻意轉念去想其他愉快的好事實在很難。所以，我們可以平常先把開心的事寫下來，然後在需要的時候，睡前複習這些會帶來好心情的溫暖記事。

人在煩躁的時候交感神經比較活躍，要想睡個好覺，就得讓副交感神經接替主導位置，讓心和身體都放鬆下來，才能有優質睡眠。

31

100

把不安寫下來

有些人每天都會感到不安，很容易煩躁。不安是對於可能發生的事或未來感到擔憂而產生的情緒。其實，面對不安，我們可以改變思考的角度，正因為有這些不安，才能做好防範未然的準備。將不安的事具體寫出來，並思考對策，萬一真的發生，就能採取適當的行動應對。

假設，我們會擔心「明天發生地震怎麼辦」，地震並不是人為可以控制的事，但是我們可以先準備好緊急用的糧食等必要物資，還有家人之間的聯絡方式等。

認清自己無能為力的事，先想好可行的因應對策，將傷害控制在最小範圍。把可以做的都做了，不安也會隨之減少。

試著養成這樣的習慣，不安的時候就拿一枝筆把心事寫出來吧。

32

從〇．〇一步開始

想要實踐某個目標或採取某個行動時，如果擬定了非做不可的計畫，很容易遭受挫折。若是無法達成，反而會更失落沮喪。人在嘗試新事物、新目標時，特別消耗能量，所以如果你想要改善一件事，或是開始新的工作，為了提高達標機率，行動計畫可以從〇．〇一步開始。

例如，平常你的說話習慣總是會質問別人「為什麼？」，這時就可以先改變詢問的語氣，「請問該怎麼做……」表現出友善的態度。以這個小小的改變為目標，先嘗試一個星期看看。

或者，你有減重的目標，一星期減兩公斤的門檻太高了，那就先從減少一次零食開始。

不必一下子急著改變一切，而是試著從微小的行動開始累積。

33

100

成功日記

日常生活中，不可能只有令人生氣、煩躁的事，肯定也有很多值得高興、圓滿順心的事才對。把感受到的幸福、順利都記錄下來，就叫做成功日記。

記錄成功日記，寫著寫著，心情就會越來越好，自然而然地啟動正面思考。

在公司跟不熟的同事打招呼，對方微笑回應了；

早上起床時，感覺神清氣爽；

今天荷包蛋煎得很漂亮……等等。

瑣碎的小事也可以，養成將這些事都記下來的習慣，可以建立自信，心態變得積極正面。用心體會，再小的事情也能從中感受幸福。

培養這個習慣，過程中就會漸漸變得不易動怒，一點也不難，動手寫寫看吧！

34

100

憤怒日記

所謂的憤怒日記，顧名思義就是記錄下讓你生氣的原因，這是情緒管理的第一步。

例如，「被邊走邊看手機的人撞到，覺得很討厭。」把感到生氣的事寫下來。你可以寫在專用的筆記本或日記本，也可以利用手機的備忘錄功能，比較容易長期持續下去。

建議的寫法是，直觀地寫下來，生氣就寫，重點是不加修飾寫下為什麼生氣。我們要很明確知道生氣的原因，不要只寫「很不爽」、「可惡」，這種像是發牢騷或是碎碎念的句子。因為憤怒日記的作用在於藉由書寫讓自己冷靜，並且釐清造成憤怒的傾向和特徵，了解自己為了什麼而生氣，到底在「糾結」什麼。掌握怒氣的來源，事情有時候也會隨之迎刃而解，讓情緒內耗的狀態畫下句點。

35

100

糾結日記

當我們的理想、願望或個人堅信的價值觀不如己意時，就會產生憤怒的情緒。糾結日記是藉著寫出造成憤怒的原因，了解自己到底都在「糾結」什麼。

先從憤怒日記中找到「情緒糾結」並寫下來，再把列出來的這些糾結事件一一評分，依在乎程度從一到十分評等。一分是重要度最低，十分是最高。客觀地了解自己都有哪些「情緒糾結」，以及對不同事情的在意程度。例如，

「受別人幫助時，應該要說謝謝。」↓五分

「不能邊走路邊看手機。」↓三分

試著寫寫看。

了解自己的「情緒糾結」，怒氣來的時候，比較容易冷靜看待，久而久之，你就知道如何與憤怒的情緒和平相處了。

5
6
7
8
9
10
4
3
1
2

36

100

放寬「還可以接受」的範圍

當我們生氣時，看事情不要只是非黑即白、對或錯，雖然心情多少有點煩躁，但還是要預設一個「還可以接受」的中間範圍。

如果凡事一定要百分之百ＯＫ，過度強烈的自我主張會使人看待事情時，容許範圍變得狹隘，達不到自我標準的事太多，怒氣也越來越多。

即使沒有百分之百滿意，至少預設一個最低限度的標準，例如「做到這樣也可以接受」，適度放寬容許範圍。

「雖然有點生氣，不過這樣還可以吧……」

「雖然不如預期，能做到這個程度也可以了吧。」

容許範圍放寬了，也不會白白生氣了。

我們生氣的時候，常常會陷入無法忍受的境地，這時不妨先冷靜一下，想想看：「這真的不能原諒嗎？」或許能產生更好的想法和角度看待事情。

37

關注力所能及的事

這個世界上有很多事情，我們雖然感到生氣，但也無能為力。例如，天氣、氣溫、自然災害、電車或公車誤點、組織制度、人事升遷、政治相關事務等，都是難以改變的事。

一直思考「為什麼會這樣？」、「難道不能想想辦法嗎！」，只是徒增煩躁，讓自己越想越生氣，卻又束手無策。

在無法改變現狀的情形下，關注在自己能做的改變（可控的範圍），而對於無法改變的事，認清自己的能力才是上策。

對於經常感覺生氣的事，把它寫在紙上，區分出可控與不可控的範圍。條列出來後，將心思盡量放在關注有建設性的事情上，就可以避免頻繁動怒。

38

100

學會思考是否有必要一直放在心裡

我們要懂得區分那些感覺煩躁、生氣的事，對自己到底是重要，還是沒那麼重要。其實有些事仔細想想，好像沒那麼重要，而且也無能為力改變，卻會讓我們一直很在意又很生氣……

例如，在月台上排隊候車時被別人插隊，或是遇到電車上的乘客出現無禮的行為（一人占用兩個位子），但對方看上去不好惹，而且和這個陌生人以後也不太可能再有交集……

如果是不能置身事外、很重要的事，那就要思考應該怎樣才能改變現狀，並且馬上行動。但若是雖然重要，卻非自己力所能及的事，就要先考慮怎麼做，自己才不會更生氣。

面對種種令人生氣的事情，我們都要學會如何做出判斷，調整自我應對事情的心態。

39

100

不隨意評斷別人

我們都會不自覺地評斷別人。

這個人是好人還是壞人？跟我合不合得來？用極端的二分法判斷對方是零分還是一百分，如果生活中總以這種心態與人來往，人際關係就會充滿壓力，應該很痛苦吧。

每個人都有優點和缺點，彼此各有所不同，這是理所當然的。

如果對別人不能保持寬容的心，就會武斷地用好或壞、合或不合、喜歡或討厭來評斷對方。

人總是會比較關注不完美的事，忽略好的那部分。

人際關係的煩惱就是造成壓力的最大因素。如果我們能多關注別人的優點，就能減少憤怒的情緒，也不會用評斷的心態去對待別人。

改掉評斷別人的壞習慣過日子，心情會輕鬆很多，大家不妨試試看。

重新思考「理所當然」

生活中有沒有一些事，是你自己覺得很正常、很理所當然，但別人不這麼認為的？

每個人有不同的價值觀，自己認為的「理所當然」並不一定適用於他人。堅信「自己的理所當然才正確」，結果不符合自己的想法時，就會感到憤怒。強迫別人認同自己，造成雙方關係緊張，自己也會更加生氣。

每個人都不一樣很正常，世界上沒有任何一個人的想法會跟你完全相同。當你覺得是「理所當然」或「常識」時，先暫停一下，想一想，「對我來說是理所當然，但也可能有人不這麼認為。」

在待人處事上，我們都要留一些心的餘裕，更柔軟地重新思考一下自己的「理所當然」。

41

「一碼歸一碼」的練習

大腦是討厭變化的。

也因為如此，我們都傾向於「照著原來的行動、思想和價值觀就好了」，也容易覺得「用不同的角度思考很消耗能量，討厭改變」。

「可能這次也行不通……」「上次說不出來，這次可能也一樣吧……」負面思考往往讓我們裹足不前，煩躁焦慮。

遇到這種時候，不如換個角度想：

「雖然上次的經驗不太好，但上次是上次。」

「之前是那樣，或許下次就不同了。」

「話雖如此，還是試試看吧。」

負面思考來襲時，記得告訴自己「一碼歸一碼」，破除自己預設的框架。利用語言的力量改變大腦。面對問題，一個一個解決，心情就會安穩踏實。

42

不裝好人

別人有事來拜託，實在拒絕不了，只好硬著頭皮接下來……事後才懊惱地責怪自己。你是不是也有過這樣的經驗？

就算不情願，但想到「人家也是看得起自己，我不幫忙誰幫忙……」，另一方面也擔心拒絕對方可能會「影響自己的名聲」或「破壞人際關係」，幾番權衡之下，只能繼續扮演好人。

其實，這些想法或許只是你的一廂情願。

拒絕對方不一定就是破壞名聲，與對方的關係也不至於會因為這種小事決裂。如果你總是懊惱「怎麼會答應幫忙……」而不是「還好幫上了忙」，這樣就變成精神折磨了。

所謂的幫忙，不是來者不拒。

不要總是勉強扮演好人，感到為難的時候就勇敢拒絕對方。

43

100

保留流淚的時間

長大成人後，我們會開始在意旁人的目光，就算有悲傷的情緒也會盡量克制忍耐。但久而久之，忍耐變成壓力，總有一天這些壓抑的情緒就會爆發出來，放聲吶喊：「怎麼會變成這樣！」

我們每天為生活打拼，悲傷或寂寞都是很自然的情緒反應，完全沒有必要刻意壓抑。

悲傷、寂寞、辛酸這些情緒，與開心、快樂等正向情緒同等重要。視而不見反而會造成心裡的空白，遲早還是得從別的地方宣洩出來……

所以，悲傷到壓抑不了時，就盡情地哭吧。這一點也不奇怪，更不必難為情，無條件接納自己心裡的悲傷，找一個獨處的地方，好好哭一場。

44

100

鍛鍊精準的詞彙力

日本情緒管理協會曾經針對施加體罰的教師做問卷調查。

「你為什麼會施加體罰？」對於這個問題，許多教師的回答大多是：「就忍不住。」「因為氣到說不出話來。」

因為無法用言語表達憤怒，就訴諸暴力，這不是一句「忍不住……」可以隨便帶過的問題。

當我們感覺憤怒時，表達能力受限，無法清楚說出自己的想法，就會變得有攻擊性，所以必須有意識地訓練自己。

清楚說出自己的心情，真正想要怎麼做？

想告訴別人的感受，以及希望對方理解的事，明確來說是什麼呢？

從現在開始，平時就多多充實詞彙和訓練表達能力吧。

45

100

定好生氣的界線

心情不好時，人說話的語調和態度都會改變。

例如，心情好的時候，願意幫伴侶收拾散亂的衣物。但心情不好時，就會怒斥對方：「為什麼你脫完衣服就到處亂丟！」

心情的好壞會影響說出口的話，不明就裡的對方也只是看臉色行事，而你真正想表達的「衣服脫下來就放到籃子裡」，卻一點也沒有傳達出去。

要做到說話不受情緒影響，必須先劃分好「會生氣」與「不會生氣」的界線。

如果只說一次，對方就會馬上行動的話，雖然有點煩躁，但還可以接受。要是說了三次都還不改善，那就要打叉了。定好界線，除了打叉的事以外，都算是可以容許和忍耐的範圍，這樣就比較不會發生一秒暴怒或突然大發雷霆的情況了。

46

100

回想愉快順利的時刻

當我們感覺沮喪、煩躁的時候，可以回想過去順心如意的經驗，重新感受一次當時的欣喜，心情也會變得正面積極。再次體驗愉悅的過去，還可以延伸想像未來順利發展的樣子。

這裡有個關鍵，回顧時要專注於五感，包括：「當時的心情如何？」、「身體有何變化？」、「視覺可見的東西？」等等，盡可能回想當時的細節。

不必回想整段過程，只需要最美好的「瞬間」，幫助自己進入最好的狀態。

舉例來說，與其模糊地回想「今天一天都很順利」，應該要更具體地回憶，「向同事報告工作成果，他們都替我高興，直說『太好了！』『好厲害！』」加上這樣的具體細節，效果會更好。

重點是回憶感受情緒的瞬間。想起心情最好的時刻，就能更積極面對未來。

不只是生氣的時候，每天即將結束前，回想一下當天令你開心的時刻，也會有很好的效果。

47

100

停止三個「負面語詞」

「但是」、「我只是」、「反正」這三個負面語詞，容易讓人產生消極悲觀的印象。常常把這三個語詞掛在嘴上的人，看起來都不怎麼快樂。

不經意地將這些話掛在嘴邊，還會吸引負面消極的人和狀況，可以說是一種「遺憾的詞語」。

會說出「但是」、「我只是」的人，都是心裡堅信「自己是正確的」，又或者，雖然知道對方說的對，卻不願意承認，才會嘴硬這麼回應。而「反正」則是聽起來好像在表示謙虛，但其實是過去曾經歷失敗，潛意識不敢嘗試新的挑戰。

這些「遺憾詞語」會讓你身邊積極正面的人避而遠之，而你自己更是要小心可能會變成「遺憾的人」。

平時就要注意自己不經意的言談與用詞，是否會影響你給人的印象。

48
100
心口合一，不說反話

我們與人溝通，最重要的是用什麼話語來傳達，不過表情、態度和表達方式也同樣重要。

尤其是面對面交談，「表情和態度」必須一致，對方才不會感覺困惑。

舉例來說，如果有某人被問：「你在生氣嗎？」他雖然內心憤怒，臉上也是生氣的表情，卻嘴硬地說：「我沒有生氣！」你會有什麼感覺？嘴上說沒有生氣，但表情和態度已經傳達充分的信息，一定讓人覺得困惑，不敢去惹他……

日常生活中，我們要時常檢視自己有沒有說話和表情、態度不一致的情形。自己想傳達的意思，與對方眼中的行為一致，彼此才能輕鬆地進行溝通。

49

100

提前準備好回應的說法

受到別人稱讚時，你會不會因為不好意思而表現得太過卑微？被說中的人，或許是自我接納度低的類型。

有時候我們想要表現謙虛，卻顯得太卑微，導致對方也下不了台。做人如果太謙虛，或許對方也會有所顧慮，漸漸就不再稱讚你了。

如果還不習慣被稱讚，不知道該怎麼應對的時候，可以先向對方說聲「謝謝」。

平常準備一些突然被稱讚時可以馬上應答的話語，也能減少尷尬。

例如，「還不太習慣被稱讚，有點不好意思。」「還不成氣候，但是很高興受到您的肯定。」直率的表達可以給人好感。

這雖然與「生氣」沒有直接關係，不過平時做好人際關係，也是減少無謂生氣的關鍵。

冷靜解析「覺得討厭……」的事

「跟對方有關的一切，我都覺得很討厭，很煩……」相信大家都有這種經驗。而隨著煩躁的次數增加，你會漸漸不知道自己到底在討厭什麼。

事實上，如果我們深入分析到底討厭什麼事，大多是對方一邊做事一邊轉筆，或是抖腳的行為，這種「會忍不住去注意他」的程度讓人討厭。「全部都令人生氣」這種情緒，很可能是自己的偏見。冷靜思考一下，你應該會發現「其實也不是所有事都值得生氣」。

當你覺得「全部都討厭」時，先分析到底具體討厭對方的那些地方或行為，再加以區分「絕對受不了」與「沒那麼嚴重」的部分，最後只針對絕對受不了、無法忍受的事情，想辦法聚焦解決。這樣應該就能使情緒大幅平息了。

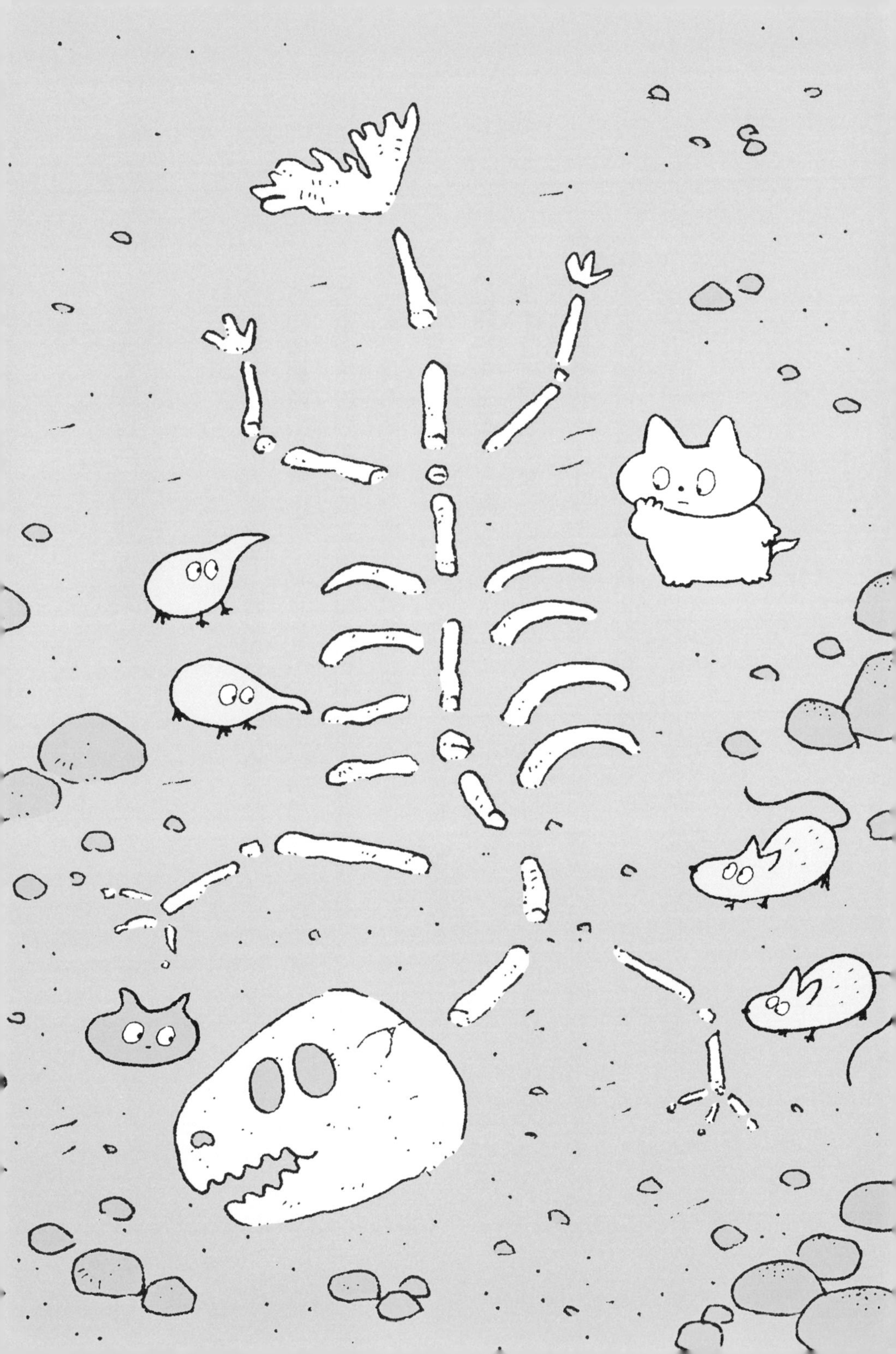

51
100

訓練自己關注未來

當別人做了不可原諒的事，會在我們心裡留下陰影。

負面情緒湧上來時，停下來想想：「這樣的狀況真的是我希望的嗎？」

若是今後還要來往的對象，與其糾結「現在我真的很生氣」，更應該思考的是：「未來我希望與對方維持什麼樣的關係？」

既然還要來往，永遠記著過去的不愉快，每想起一次就要生氣一次，不如訓練自己關注未來希望發展的方向。

訓練自己關注未來，必須在腦海中描繪想像。每當負面思考浮現時，就立即修正思緒的軌道：「未來的目標在這邊喔。」這個訓練無法一蹴可幾，必須要在生活中反覆練習好幾次，慢慢修正自己的思路。

越是有不可原諒的人，「懂得描繪出自己想要的未來」的能力就越重要。

第4章

淡定化解人際關係的大小怒氣

52

100

只要傳達情緒，不要說情緒化的話

傳達自己的情緒與情緒化是不同的。

生氣時如果變得情緒化，就無法好好地把希望對方理解的事傳達出去。我們必須學會表達自己的感受、明確告訴對方怎麼做，才能與對方建立良好關係。

舉例來說，比起「你竟然不遵守約定！太離譜了！」、「說這種話的人最差勁！」這樣情緒化的發言，不如心平氣和地告訴對方：「原本很期待的事落空了，我真的很難過。」「你這麼說，我很不能接受。」是不是更能夠忠實地傳達出情緒呢？真正良好的關係，應該是能夠將自己的負面情緒或感受，如實地順利傳達給對方。

訴說「很難過」、「很困惑」、「覺得很不安」、「很寂寞」這些情緒時，切記不要用情緒化的語言。平心靜氣的說出你想表達的事，你的心情才能忠實且有效的傳達出去。

53

100

不理會別人的炫耀

有些人在某方面占優勢時，就會覺得自己高高在上，時不時愛炫耀。

其實，正是因為自己沒自信才會做出炫耀的行為，只能靠著瞧不起別人，強調自身的優越感來維持微薄的自信。

這麼看來，這種人很寂寞又空虛呢……

遇到這種人來炫耀，我們有時候也會覺得惱火，但應付這種人最好的方法就是不理會。失落、生氣，這些反應恰好是對方最希望看到的。與他們保持距離，刻意避免交集才是上策。

對付愛炫耀的人，就是不與他競爭，不當一回事，這才是最好的反擊。

不理他，自然也不會生氣了。

54

100

不受他人的怒氣影響

有時候因為對方的怒氣太強烈，我們也會跟著激動起來，無法冷靜應對。對方的怒氣使得現場火藥味十足，自己也忍不住受影響動怒，大家應該都有這樣的經驗吧。

不過，懂得溝通的人，是不會隨著自己或他人的怒氣而起舞的。即使對方變得情緒化，這類型的人還是能冷靜地表達自己的立場，謹慎避免情緒化的言行或是情緒失控造成難以收拾的局面。

當對方帶著憤怒襲來時，先以接受的態度來應對。傾聽他的主張，區分事實與偏見。

事實的部分，我們可以傾聽、接納。偏見的部分，就在心裡告訴自己「這只是他的偏見」，不必加以理會。養成分辨客觀事實與偏見情緒的習慣，就可以冷靜應付一切狀況，笑看人生大小事了。

55

100

學會敷衍的藝術

「那些媽咪群組的人總是喜歡問人家的私事，還刨根問底的，傷腦筋啊……」

我們常接到很多這類的諮詢，打探對象不只限於媽咪群組成員之間，有時還會問到別人先生的職業、年薪、學歷等，沒有界線感地打聽他人各種隱私。

「很煩耶！」「可以不要再問了嗎？」被問得多了，難免會動怒。

如果對象是媽咪圈的朋友，往往因為孩子的關係，考慮到以後還要來往，許多人都不想把關係搞得太尷尬，如果情緒化回應：「不要問那種事情啦！」後續還要處理人際關係也很麻煩，多半還是會採取委婉一點的方法。所以，如果被問到自己不太想聊的話題，可以輕描淡寫地回答：「那種事我其實不太關心啦。」與人溝通，有時候左耳進右耳出，適時裝糊塗、打打馬虎眼也是不錯的方法。為防止人際關係產生摩擦，我們還是要學會敷衍的藝術。

56
100

承認對方是「不好應付的人」也沒關係

每個人都有不擅長應付的類型。

在私人交往的場合，我們不必逼自己與磁場不合的人交流。勉強維持關係而造成壓力才是問題。

不過，工作的場合卻不能率性而為。如果公司裡有不好應付的同事，為了工作順利進行，總是免不了要打招呼，業務上也有需要的報告、聯絡、商討，還有不能遺漏的工作聯繫、適當的電子郵件回覆等，都必須保持最低限度的互動。面對這些工作上的往來只要維持基本的客套，沒有更進一步交流也沒關係。

我們沒有必要為了討好所有人，造成自己的壓力。遇到不好應付的人也沒有關係，只要懂得避免與對方發生衝突或是被對方激怒，就不會變成壓力，打從心裡敷衍他就好了。

57

100

勇於說「NO」

有些人對於說「NO」總是覺得很為難。

「NO」並不是為了抗拒對方而說。許多人以為說「NO」會被討厭、破壞彼此關係、造成對立、使氣氛變得尷尬……事實上並非如此。不懂得拒絕，什麼都照單全收，事後才會懊惱不已。不如好好思考該如何說出「NO」，勇於挑戰「表達拒絕」。

不過，具體該怎麼做呢？

拒絕別人的時候，如果只說「沒辦法」、「不行」會太尖銳直接，還是要委婉一點的說法比較好。

例如：「感謝你邀請我。但我已經有其他預定的行程，沒辦法參加。」「真不好意思，現在手邊還有〇〇的工作，沒有辦法再接其他案子了。」對於邀約，先感謝對方的邀請，再告知必須拒絕的緣由，或是提議替代方案，平時多準備一些說法，就能圓滑處理了。

NO

58

100

樂於稱讚別人

人往往會不客氣地指謫別人的缺點或不足，卻很吝於稱讚別人。因為我們總會不自覺地關注事物有缺陷的那一面。

例如：「這個你沒做好。」「改掉這個壞習慣。」久而久之，這些指謫會變成良好人際關係的阻礙。

每個人都有好的一面與壞的一面，而且據說「經常被關注的那一面會越來越強」。因此，我們應該將認為對方好的一面具體寫出來。書寫的過程中，你會發現這個人的優點其實還滿多的。

不用跟別人比較，只要關注這個人做的事，認可他認真工作的態度，再告訴他做得很好就可以了。如此一來，他的優點會逐漸強化，並養成展現優點的習慣。學會觀察別人內在與外在的好，並適時地傳達讓對方知道，彼此的關係也會越來越好。

59

多用「接下來應該怎麼做？」代替質問

當對方工作上出現失誤，或是犯了錯時，如果只問「為什麼？」，就會產生責備的情緒，對解決問題一點幫助也沒有。三次「為什麼？」就不再是詢問，而是質問、責問了，一定要小心。面對「為什麼？」這種提問，犯錯的人回應的大多是為自己辯解的藉口，說不定還會惱羞成怒。

每次都問「為什麼？」，有可能會讓自己更生氣，對方的心裡也不愉快，雙方都產生負面情緒，氣氛就會很尷尬……

如果感覺自己有點生氣了，不妨試著說：「接下來應該怎麼做？」像這樣拋出問題，當人聽到「下一步該怎麼做？」，心思就會專注在未來的下一步，而不是一直僵持在眼前的困境中漸生怒氣。

遇到別人犯錯時，多用「接下來應該怎麼做？」作為回應，對未來有建設性的討論才會越來越多。

60

聰明化解挑釁

無論在工作上或個人生活，我們會遇到各種人，其中一定會有說話不中聽，甚至故意挑釁的人。不過，如果遇到這種人被戳到痛點，對方肆無忌憚地叨念自己不想討論的事，切記不要反擊。

反擊可能刺激對方變本加厲，那就更麻煩了。例如，對方說：「你胖了？」這時，你可以毫不在意地回應：「喔，對啊。」輕描淡寫帶過就好了。又或者對方語帶輕視地說：「我看你根本不會用EXCEL吧。」那就不妨順著他的語氣：「對啊，你幫我做好嗎？」

被別人插話時，就抓住對方說話的空檔，告訴他：「可以回到剛剛我說的事情嗎？」還有，遇到硬要裝熟的人，我們要用「更客氣的語氣」回應他。

總之，遇到對方想要製造事端的情況，千萬不要與之共舞。

61

100

不要試圖改變別人

「上司總是對部下頤指氣使的，真的很討厭。」

我們常常接到這類諮詢。

先從結論說起，就算討厭對方的行為或人品，也沒有辦法改變他們。

說到底，改變別人本來就是一件不可能的事。

但是，每天在沒有辦法改變的上司身邊工作，根本不能專注，發揮不了自己原有的實力。厭惡的心情或許無法平息，但只要不會危害到個人範圍，不如就睜一隻眼閉一隻眼吧。

當對方不講理時，也無須過度反應，維持最基本必要的報告、聯絡、商討，交流僅只於信息共享就好了。

無論如何，都不要試圖改變對方，先改變自己的想法、處世原則或環境，就能相安無事了。

62

100

借助團隊的力量

任何組織裡都一定有特別高高在上、愛找麻煩的人。

遇到這樣的人，要與其他成員共享信息，不能獨自應付。萬一成為被針對的對象，很可能演變成精神上的折磨。

這種具有攻擊性的人當中，甚至會有惡意辭職或存心搗亂的傢伙，「我就算辭職，也要讓整間公司烏煙瘴氣。」遇到這樣的問題人物，一定要心平氣和、沉穩應對，不能隨之起舞。

心靈上的安全無憂，關係著公司的生產力，只要有一個人愛找麻煩，就會影響許多人，無法發揮實力。

工作上發生人際關係的摩擦時，趁早聯合團隊的力量，千萬不要獨自面對。

63

不說氣話，而是提出「要求」

帶著憤怒的情緒直接與對方衝突，是很幼稚的行為。

「你是笨蛋嗎？不要得寸進尺了！」這種話除了傷害彼此，對化解僵局一點好處也沒有。

當你心裡產生不滿時，必須讓對方知道你討厭什麼、情緒如何，還有希望對方具體怎麼做。說出來不僅可以自己鬆一口氣，對方也才能真正理解你的心情。

生氣不是壞事，轉化成「向對方要求」，會比較容易說出口。我們之所以會生氣，都是因為「自己希望的事」，還有「自己認為應該做的事」不能實現。

正因為如此，生氣的時候，我們更要將想說的話，以「要求」的方式說出來。悶著什麼都不說，只會僵持不下。

64

100

明白表示不想被干涉

遇到個性粗線條的人，毫無顧忌地對自己的私事指手畫腳，心裡一定很不是滋味。

每個人都有不想被介入的私領域。有些人天生粗線條，關係稍微熟一點，就以為可以口無遮攔，覺得「說什麼都沒關係」。被說的一方就算心裡不舒服，表面上還是會盡力保持平靜，導致對方可能完全察覺不到別人的不開心。所以，這種時候一定要明白告訴對方：「我不希望別人干涉這件事。」

如果是長輩任意干涉私領域，也以同樣原則處理。

「這件事，請您不要干涉。」冷靜並明白地傳達自己的心意。慎重且嚴肅地表達，你的本心應該能夠讓對方理解。

65

適當回應：「謝謝你的關心。」

我們經常會在各種場合遇到家人、親友、媽咪圈、公司上司或同事等，有意無意地想打聽自己的私事。這時候，要聰明地讓他們察覺「自己不希望再聊下去」，同時向對方的關心表達感謝。

例如，老家的父母問起：「還不結婚嗎？」「孩子怎麼打算？」我們可以四兩撥千金回答：「這要問老天爺了，順其自然吧……謝謝你們的關心。」

像是家人的年薪、小孩升學、學歷等這些不太想聊的話題，就輕鬆打哈哈帶過，例如：「我是想努力啦，可是還沒有把握……」「我尊重孩子的意思。」「這不值得一談啦。」

切記，不要用情緒化的言語反擊。

66

100

保持開放，暫且接受不同的意見

我們與人交往，難免遇到自己的意見不被接受，或者與對方意見相歧的情形。

但是，如果一味堅持己見，執意反駁對方，「你很可笑！」「那種方法注定失敗！」「應該聽我的！」互相否定的結果只會不歡而散，所以一定要避免情緒性的發言。

我們並不是要駁倒對方，「順利傳達出自己的意見，並獲得理解」才是真正的目標，進行溝通前必須堅守這一點。

「你的意思是依照○○的想法進行，對嗎？」暫且接受對方的意見，再提問引導對方思考，「哪一點讓你判斷可能會失敗，可以說說看嗎？」或是根據對方指出的意見做回應。總之，無論對方怎麼說，都不能過度反應，帶著開放的心先試著接納與理解。

67

100

有時候依賴別人也沒關係

「依賴別人、撒嬌，就是暴露自己的弱點。」「靠別人就會失去自己的存在價值。」許多人抱持這種偏頗又逞強的想法，無端影響自己情緒，獨自生悶氣。你是否也是這樣的人呢？

希望別人幫忙，就直率地說出來，例如：「你可以教我○○嗎？」「我現在很需要你幫忙。」「如果○○可以來幫忙，就太好了。」誠實表明心意與需求，才是平易近人的表現，也才能贏得好感。

人與人之間的互助關係就是在你拜託我、我拜託你，這樣慢慢建立起來的，人們彼此間的力量也是一種循環。依賴別人並不是示弱，有時候藉著麻煩別人，不僅能減輕自己的負擔，也促進周遭的互助。

勇敢尋求幫助，建立互助關係，讓人與人之間的力量形成強大良善的循環。

68

100

訓斥時直說無妨

「怎樣叫適度的訓斥？我沒有經驗，不懂怎麼訓斥才好。」「沒有經驗，沒有自信可以教訓別人。」「我擔心造成對方心理的陰影……」「我怕人家說我職場霸凌……」

很多管理職的人會來找我諮詢「如何訓斥下屬」。心裡有所顧慮，即使交辦的工作已經超過期限，還要看部下臉色，小心翼翼地問：「那份文件的期限已經過了……你什麼時候可以交出來？」其實，該訓斥的時候，就應該要直接了當地表達自己的意見。

例如，「希望你可以遵守約定的期限，因為這樣會影響後續的工作進度。」具體說出來，才能確實傳達本意，對方也才可以接收到正確的訊息。

訓斥對方前，先想清楚最想要傳達的核心事項，歸納成一個重點再說出來。

69

把「WHY」說清楚

當我們要制訂新的規則，或是同伴之間要有一些改變時，必須要明確地傳達「WHY」（為什麼），把理由說清楚。

例如，有一件工作在「明天之前要完成○○的資料」，這件事應該交代得更詳細，「客戶的新店鋪就要開幕了，這份資料明天之前一定要完成，可以拜託你嗎？」這樣說對方會更樂意接受任務。

當我們想要說服對方，或是催促行動時，記得要盡量說明清楚，比方說：「我希望可以○○，理由是……」因為人對於一件事的「WHY」很敏感，只要接受了理由或根據，就會自然而然付諸行動。

一開始就把必要的資訊說清楚，可以減少無謂的爭論，自然也沒有生氣的機會了，鼓勵大家多找機會試試看。

70

將「不滿」轉為「提議」

工作難免有各種的不滿和不安，這些負面情緒不斷堆積在心裡，到了要發表意見或提案的時候，說出口的卻盡是抱怨。例如，「為什麼我的工作量比別人多？」「我分配到的都是麻煩的工作。」這樣的想法累積久了，一旦有機會宣洩，就會大爆發，「你們知道我有多辛苦嗎？」「為什麼你們都沒有發現？」容易形成一發不可收拾的局面。

為了避免這種情況，工作上需要發表意見的時候，就要事先整理好思緒，像是「希望大家理解的事」、「希望大家怎麼做」這類具體的方向。把想說的話，想傳達的事情，寫在紙上或是打成文字檔歸納整理，讓想法更明確。然後在適當的時候，平心靜氣地表達出來。若是無法一人獨力承攬的案件，也可以考慮找其他人商量。

越重要的事，越需要事先整理好，再冷靜傳達。

就事論事

生氣的時候，我們可能會說出以下的話：

「你老是出錯！」「你一定會找藉口。」「我說的話，你一次也沒聽進去！」

「全都是你的錯！」

雖然不是百分之百事實，但是怒氣上來時就會脫口而出。

如此斬釘截鐵的語氣會讓對方也忍不住想反駁，「哪有老是，我也有做對的事啊！」「什麼一定，太誇張了吧。」甚至可能會直接抗議，「你不要給我亂貼標籤！」

如果我們希望對方改進，必須傳達具體的事實，例如，

「你已經出錯三次了，請再仔細確認一下。」

「雖然你有遲到的理由，但也的確讓我等了很久，希望你能道歉。」

說出對方做錯的地方，但不使用情緒化的發言。

72

100

溝通不是論輸贏

曾有人說：「聽從對方的意見，或是自己的意見不被採納時，就會有輸的感覺。」這樣的心態已經失去了討論是為了解決問題的原本目的。

被重視上下階級的社會深深影響的人，多半有這種傾向。

溝通本來就不是要拼輸贏。

有強烈勝負意識的人當中，有些人喜歡找服務業客訴，因為他們認為「要強烈抗議，自己的要求才會獲得重視」。攻擊性的發言或許能滿足自己一時的痛快，但也會傷害別人，以長遠思考來看，很難與人建立良好的關係。

如果你覺得「我可能就是這樣的人」，下次與人對話時，記得不要一心計較輸贏，只要彼此愉快交談就好了。

73

相信對方和自己

我們在訓斥別人，或是表達意見時，如果抱持著「對方一定還會再犯」的心態，就算沒有說出口，對方也會感受到這種偏見。

善於溝通的人，會站在相信對方「一定能理解」的角度，誠懇地表達希望對方能改善的事。在信賴的基礎下，才能將真正想說的意思完整傳達給對方。

另一方面，我們也要信任自己，才能與對方建立良好的關係。因為即使有缺點或能力不足的地方，但我們知道這些都不會影響自己為人處世的價值觀。

對別人也好，對自己也好，總之「要先有信任」。

這樣就不會被無謂的怒氣左右，也為建立良好關係踏出一大步。

停止怒氣內耗

74

100

關注怒氣背後的情緒

當我們與人爭論，對方說出氣話時，試著關注他內心深處的情緒。

憤怒的另一面通常是潛藏著不安、焦慮、擔憂、悲傷、寂寞與困惑，這些情緒沒有獲得滿足，才會變成憤怒被宣洩出來。

為了平息對方的怒氣，光是單純道歉，或是還沒有同理對方的心情，就提出解決方案，並不能實質地完全解決問題。沒有經過了解、同理對方心情的過程，換來的只會是「你根本不了解！」、「你什麼都不懂！」，反而更助長憤怒。

吵架的時候，應該先試著同理，並安撫對方內心深處的情緒，例如：

「抱歉，我讓你很不安……」

「突然發生這樣的事，害你擔心了。」

先同理心情，再討論事情。

75

100

設身處地給予回應

你是否遇過這樣的情境呢？當對方的怒氣久久不能平息時，你試著好言勸說，「不用那麼生氣吧，有什麼好生氣的……」本意是希望他冷靜下來，卻反而更加激怒對方，「你根本不知道我在氣什麼！」

大發雷霆的理由，每個人都不一樣，自己覺得沒什麼大不了的事，對方卻有截然不同的感受。

當我們惹怒了對方，應該要設身處地，站在他的立場著想，你可以說：「原來這件事對你來說如此重要啊……」但是切記不要跟著他人的怒氣起舞，例如：「很氣人對不對！我也很生氣！」如果你也一起陷入憤怒的境地，這樣就真的平息不了了，千萬要小心。

76
100

簡單扼要說結論

遇到具攻擊性或是霸道的人，我們該如何應對？如何表達？每天都有各種年齡層的人為這個問題來尋求諮詢。那麼，我們該如何冷靜應對那些有攻擊性又霸道的對象呢？

很簡單，只需簡潔扼要地說結論。

「關於〇〇，我認為應該要△△。」

「因為〇〇的理由，很抱歉，我們不能接受。」

簡短一句話就可以了。如果對方還想要主張辯駁，你也一樣重複那句話：

「實在抱歉，真的很困難。」

最理想的結果是，讓對方知道，「再怎麼攻擊，這個人也不會動搖，說什麼都沒有用……」比起冗長的勸說，這個方法更有效率。

平時就訓練自己表現堅毅的態度，簡單扼要地傳達意思。

77

100

提建議時，用「我」做主詞

我們要傳達意見或心情時，若有希望對方改善的事，記得要以「我」作為主詞。如果用「你」做主詞，就會感覺是在責備對方。例如：

×「最近一直犯同樣的錯，你不夠專注喔。」
○「最近都是同樣的失誤，我覺得是不是因為不夠專注。」
×「為什麼你不照我說的去做？」
○「我希望你這樣做，理由是……」

以「我」當主詞傳達希望對方接受的事，語氣比較委婉，也不容易產生誤解。下次需要表達改善建議或感受的時候，記得把「你」都改成「我」。

不同意見的人也是夥伴

想要與意見相左的人做朋友，傳達自己的想法之前，要先接納對方的意見。

如果你習慣針對對方的意見提出「話是這麼說……」「你說的我懂……」，不管什麼正當理由，一定都會引起對方反彈，「你的意思就是不接受我的意見，那我也不聽你說。」

遇到不同意見的人，你可以如此回應：「〇〇小姐，原來你是這麼想的。可以說說你的理由嗎？我想的是□□，你覺得如何？」先接納對方的意見，再說出自己的想法。

對方必須感覺到被接納，才會願意聽你說，也才有可能成為你的朋友。

記得，先聆聽別人的意見與立場，進一步溝通的可能性就會跟著出現。

79

100

試著說出「介意的小事」

接受諮詢的時候，經常有人問：「我就是對一些雞毛蒜皮的事很介意，該怎麼表達？」

例如：「我帶的新人平常打招呼的時候，老是怯怯懦懦的，頭也不抬起來，我每天都很想說他幾句。」「上司老是說錯客戶公司的名字，要是在客戶面前也叫錯就糗大了，害我整天提心吊膽的。」「我都進公司三年了，新來的後輩竟然直稱我的綽號。」諸如此類的小事，再怎麼雞毛蒜皮，日積月累下來，還是讓人很困擾。你有沒有這種經驗呢？

如果很介意，就誠實地告訴對方：「希望你以後〇〇……」但又有人覺得，「我不想讓人家認為我愛糾結這種小事……」那些「介意」看似小事，其實對你而言，裡面包含了「很重要的事」。

平時就要誠實面對自己的心情，「介意的事」可以大方地告訴別人。

第 5 章

讓自己開心

80
100

要有傾訴的對象

每個人都有自己無法整理的煩躁或焦慮。

如果有人可以告訴自己怎麼辦、提供建議，或只是靜靜傾聽陪伴，心情就能平靜一點，有餘裕整理好自己的情緒，找到糾結之處，「原來我是在氣這個啊。」

不過，傾訴的對象必須慎選，否則可能會招致反效果。容易同仇敵愾的朋友，會跟著一起生氣的類型，最好避開。還有會順著你的話，跟著說起別人的是非或自己的憤怒，這種人也不適合當作傾訴的對象。一定要選有同理心，能客觀真心為你著想的朋友。

如果身邊沒有可以傾訴的對象，不妨尋求專業的心理師，也是一種解決方法。過去人們常有偏見，認為有精神疾病的人才要找心理師諮詢，但其實現在這已經是很稀鬆平常的事了。

建議大家保持開放的心去嘗試各種方法，千萬不要讓怒氣積在心裡。

曬太陽

血清素是腦內的神經傳導物質之一，調節著掌管喜悅和快樂的多巴胺，以及掌管恐懼、驚嚇等情緒的正腎上腺素所傳遞的信息，有安定心神的作用。

大家應該都聽過「幸福賀爾蒙」，血清素不足時，煩躁的感覺會增加，甚至導致憂鬱症或是沮喪。作息日夜顛倒，也會導致精神不安定。為避免這種情況，早上起床後，可以曬曬太陽，讓褪黑激素重新調整。建議大家起床後簡單做個十五至三十分鐘的日光浴。

褪黑激素是促進睡眠的腦內物質，濃度越高越能促進睡眠。清晨的日光浴可以調節生理時鐘，而血清素和褪黑激素的作用，能讓我們心神安定。

為了常保身心愉快、情緒穩定，大家都應該養成健康的生活規律。

82

100

多吃香蕉和豆類製品

增加血清素有幾個簡單的方法。

早餐可以多吃促進血清素分泌的香蕉和豆類製品。尤其是香蕉，它含有血清素合成所需的全部營養素。無須烹飪，隨手可得，是非常方便的食物。

豆腐、納豆、味噌、醬油等豆類製品也含有很多營養，例如豆腐味噌湯、黃豆粉泡牛奶，兩種食材搭配在一起，增加血清素的效果會更好。其他像乳製品、花生等堅果類、紅色的魚肉類、蛋類、蕎麥等，都包含這類營養。

早晨的時光促進血清素分泌，可以消除壓力，提升幸福感。香蕉可說是幫助情緒管理最有效的食物。

除此之外，多攝取對身體有益的食物，也可以有效控制情緒。

83

100

悠閒喝杯茶

煩躁的時候，停下來喘口氣，撥一點時間喝杯熱茶，可以有效舒緩情緒。如果可以自由外出，找一間咖啡廳，點一杯茶飲，就能轉換心情。或者，上班時偶爾起來走動一下，到茶水間泡杯咖啡或茶，讓自己放鬆。

咖啡和茶的香氣有安撫心靈的效果，能令人感覺有喘息的空間。尤其是咖啡的氣味，科學研究已經證明可以讓大腦產生心情放鬆才會出現的α波。畢竟，專注力總有極限，適時從忙碌的工作中抽身，找個空檔停下來喝杯茶，緩解緊繃的心情是有益的。

為了隨時都能發揮最佳表現，疲憊的時候，來杯香氣濃郁、好喝的茶品，讓自己悠閒地享受一下吧。

停止怒氣內耗

84

100

預定行程以七五%~八〇%為限

「對連連失誤的自己感到煩躁……」我常遇到客戶有這樣困擾。然而，無論你事前做足多少準備，要事事完美、達到零失誤幾乎是不可能的。

多數時候，失誤會增加的最大原因，大多是太忙、太疲勞。

這時候就應該要回頭檢視一下行程表了。

首先，自己可以決定的行程，切記不要安排得太密集。萬一有問題，才有彈性應對的空間，所以預定行程的上限要控制在七五%~八〇%，為自己安排從容的排程計畫。

也不要忘記，越忙的時候，越需要確保充足的睡眠時間。睡眠不足的影響是漸進式的，日積月累之下很容易造成疲勞或工作上的失誤。

把睡眠當作工作的一部分，培養良好的睡眠習慣，早晨就不會再手忙腳亂了。

85

100

允許自己慢吞吞

「即使是休息時間或午餐時間，我也不允許自己慢吞吞。」

常常有人來找我諮詢「對自己生氣」的問題。這種類型的人多半認為只要做事慢吞吞或是停下來喘口氣都是「在打混」。

然而，人生在世，我們不可能無時無刻都使盡全力。

相反的，要提升生產力，休息才是必不可少的環節。對自己很嚴格的人，平時可以多關注已經完成的事項，例如：「〇〇工作在時間內提早完成了。」「不上班的時候，利用節省下來的時間，把文件資料都整理好了。」「把房間整理乾淨了。」就像這樣，小事也沒關係，做事認真負責的人一定有很多完成的事。

如果想要提升工作的動力，可以回想一下「接下這份工作的目的是什麼？」、「這個工作完成後，接下來是什麼？」，再次確認手上這件工作的價值，對工作的熱情也會自然湧現。不必惦記著「一定要做出什麼成果，展現生產力」，偶爾也可以容許自己慢吞吞。

86

100

記得慰勞自己

每個人都應該有一套慰勞自己的方法。

能讓自己身心舒暢的事，每個人都不一樣，覺得「好累」的時候，就先停下來休息吧。時間或經濟上允許的話，去按摩或美容保養也是不錯的選擇。

當我們被怒氣影響時，身體會很僵硬，此時不妨尋求物理性的方法，溫柔地慰勞自己的身體。當我們開始重視身體，心靈就會跟著連動，焦慮煩躁的心情也有了獲得緩解的機會。

想照顧疲憊的自己，有時候不妨選擇讓別人來服務你的休息方式。比方說，坊間有各種按摩療程，找一個適合自己的方案試試看。

趁著還沒有因憤怒而精疲力盡，趕緊讓身體放鬆下來，好好慰勞自己。

87
100

選擇讓自己心情開朗的衣服

衣服的顏色其實具有相當的影響力。

暗色系的衣服不是不好，但總是穿暗色的衣服，心情多半不會很開朗。甚至還會影響身邊的人，心情也跟著一起沉悶。

感覺鬱悶的時候，更應該選擇明亮的原色系服裝。在色彩心理學，紅色可以提振心情，藍色有沉靜的效果，例如寢室的窗簾可以選擇藍色系。橘色是促進食欲、健康的顏色。黃色代表開朗積極。掌握顏色的特性後，在需要的時候就可以根據色彩心理學，穿上明亮色系的衣服，照照鏡子欣賞一下，或是打開衣櫃，利用顏色的效果提振精神、自我打氣。

除了日常配色穿搭，在陰沉的下雨天，穿上討喜的亮色系衣服，或是撐一把漂亮的傘，也是用來轉換心情的好方法喔。

88

100

花時間護膚和護髮

許多人會來諮詢有關肌膚和頭髮的煩惱。

隨著年齡增長，身體的滋潤逐漸流失，不少人都有皮膚粗糙、頭髮毛躁的問題，並為此苦惱。

膚況和髮質的狀態良好，我們的心情也會跟著變好。

無論男性或女性，歲數大了，都會因為臉部或身體的皮膚開始發生變化，或頭髮日漸稀疏而感到煩躁焦慮。肌膚和毛髮的健康，其實也會連帶影響我們的精神面。

想到的時候，好好保養一下，心情就會有所改變。越忙越應該要安排時間保養皮膚和頭髮，這也是安慰自己很好的方法。

愛自己，才會肯定自己。

請大家要捨得花一點時間，定期做護膚和護髮。

89

整理包包

每天使用的背包或手提包，你有沒有定期把裡面東西全部拿出來整理？打開包包，如果裡面亂七八糟，不僅怕被別人看到，自己看了也不舒服，而且找東西也很麻煩。

包包裡面的狀態，是不是很像你的心情呢？

煩躁的時候，就當作是整理心情，把包包裡面的東西清乾淨吧。

每天回家，就把包包裡的東西都拿出來。如果平常只使用同一個包包，裡面的東西一定會越放越多，不妨多準備幾個包包，輪流使用，就可以常保整潔了。

除了包包，你的錢包是否也在不知不覺中積了很多發票或集點卡？

跟包包一樣，錢包也最好要定期整理，保持乾淨清爽，你的心情在無形中也會因此變好喔。

整理房間

房間亂七八糟，心情也會亂七八糟。

調整房間的布置或斷捨離，是轉換心情的好方法。

例如，每隔半年，就把各種文件、用不到的、不會再用的東西都整理出來。丟掉不需要的雜物，只留下必要的物品，心情會跟著清爽許多。在亂七八糟的房間，光是找個東西，都覺得很有壓力。人的心情煩躁時，看到房間亂糟糟，只會更煩。

所以感覺煩躁時，就把房間整理一下，過程中應該會暫時忘記生氣的不適感，專心投入整理，壓力也會慢慢緩解。

整齊清潔的房間，本來就能使人放鬆，不容易生氣。

記得留給自己一個舒適的空間。

91

100

置身在綠色當中

綠色，是象徵生命力的顏色。

看見綠色，人就會感到放鬆。置身於綠色當中，深深吸一口氣，享受悠閒自在，很有助於調整心情。

有空閒時間，可以走出戶外多接觸大自然。沒有空的時候，在鄰近的公園走走，眺望綠色風景也不錯。或者找一家有綠色植物的小店、咖啡店，享受一小段悠閒舒適的時光。在家裡放一些觀葉植物也是不錯的主意。這些都能幫助我們轉換心情。

森林浴會有更顯著的效果，例如減少壓力荷爾蒙，活化副交感神經，還能穩定血壓及脈搏。

適時為自己安排接觸大自然的時間，加深呼吸，消除壓力。

多多讓自己置身於綠色當中，放鬆身心靈。

92

100

享受喜歡的食物

心情煩躁的時候，獨自用餐總是會忍不住想起不愉快的事，明明吃飯本應該是很開心的事，卻變成「只是把食物送進口中」的例行事務……

滿足五感之一的味覺，心滿意足地享受用餐時刻，是非常重要的。

在喜歡的餐廳，與喜歡的人一起用餐，享受只有在這家店才吃得到的美食，就足以令人忘卻煩惱、放下一切，讓心情好轉。

吃飯，是讓人感覺幸福的時間。如果想要消除煩躁和焦慮，或者犒賞每天努力工作的自己，不妨定期為自己安排外出用餐的機會。

仔細品嘗食材的美味，選擇身體喜歡的食物，好好享受美食，生活的煩躁感就會神奇地消散大半。

93

好好保養鞋子

我們應該要定期清潔鞋子。

有些人不是很在意鞋頭或鞋跟的狀態，但其實這兩個地方很引人注意。越常穿的鞋，越需要保養。尤其是鞋頭和鞋跟，特別容易有擦痕。鞋跟磨損或鞋型崩壞也是常被忽略的細節，有些人還是會不以為意將就著穿。每個人看待鞋子的標準不一樣，但仍建議大家定期保養鞋子。那些常常生氣的人，多半都給人儀容邋遢、物品雜亂的感覺。

越是每天使用的東西，越要將它看作是自己身體的一部分，好好維護。保持隨身物品和衣物的整潔，心情會跟著大大振作起來，產生「今天也要努力工作！」的正向動力。

買一雙新鞋，亮晶晶的新鞋穿在腳上，能讓人轉換心情。對鞋子的講究，還會給人一種個人品味的提升感。

手部護理美容

把雙手保養得美美的，心情就會很好。

許多人去做美甲，是為了讓自己開心，看著自己的手，就莫名地感到幸福。其實不一定要做美甲，平時只要注意雙手是否乾淨，指甲會不會太長就好。

我們日常的一切動作，不管做什麼一定都會看到手，無論別人或是自己，手都是經常要被看見的部位，如果狀態不好，就會覺得很介意，渾身不自在。

例如，在公司開會，中途休息的時間或是氣氛不好、心情煩躁，擦點護手霜，在呼吸間聞到香氣可以稍微舒緩緊繃的情緒。用深呼吸阻斷鬱悶，怒氣也就不會再湧上來了。

保養雙手也是一種消解壓力的方法，平時就可以多加留意保持雙手的清潔。

95

享受沐浴時光

泡熱水澡可以提升免疫力。

有時候忙起來，往往會草草沖個澡就算解決了，但越是心情煩躁、思緒混亂，越需要好好泡個澡。

在澡盆中加入喜歡的入浴劑，享受香氣和肌膚的觸感。

抹在身上很舒服的沐浴乳也不錯。

泡澡時，沉浸在香氣中，我們的身心都會得到療癒。不過，要記得睡前泡澡不能設定太高的溫度，大約四十度左右，泡三十分鐘，就有很好的效果。

泡澡可以幫助我們放空、放輕鬆，也能消除壓力和疲勞。泡澡的時間是無比悠閒的，這就是調整心情的訣竅。

忙完一天的工作，請務必為自己安排一段愉快的泡澡時間。

插一朵花

賞花，是透過視覺、嗅覺、觸覺等五感，幫助大腦活化起來。欣賞美麗的花、聞到花的香氣，大腦會產生放鬆的α波，這表示賞花可以緩和我們對壓力的反應，降低怒氣和敵意。

把花擺放在家門口、客廳的茶几上，或是廚房的角落，在家裡走動就能時常看見。心情鬱悶時，可以選擇明亮的黃色或橘色系花草來提振心情，而粉紅色系的花，能讓人聯想到溫柔。

每個季節都有不同的花卉，你可以依照四季選擇喜歡的花草，豐富心靈，獲得平靜。

不必急著買一大把花，先試著在房間插一枝花開始，讓這朵花好好療癒你的心情。

感受香氛的療癒

有別於視覺和聽覺，嗅覺是「五感」當中唯一直接傳輸到大腦邊緣系統的知覺。而大腦邊緣系統裡有感知愉快、悲傷、不安或恐懼等情緒的杏仁核。

當我們感覺煩躁或有壓力時，可以聞一些喜歡的香味。早一步刺激杏仁核，聞到這些香味，瞬間就會產生「愉快情緒」。

深呼吸，細細地感知香氣，達到安撫效果。

利用芳療精油，例如薰衣草、馬鬱蘭、佛手柑等，這些都具有舒緩鎮靜的效果。或者使用薰香、精油香味的護手霜、香氛噴霧等，也能幫助你好好放鬆身心。

香氛的力量是很強大的，請好好運用。

98 / 100

在小地方獲得小小的成就感

建立一些日常的小習慣，可以幫助我們不受怒氣影響，愉快地度過一天。

我在一本書中看過：「早上睡醒就把床鋪整理好，一整天都有好心情。」在一天的開始就獲得小小的成就感，可以帶動充實的一天。於是，後來我便養成了每天整理床鋪的習慣。

前面曾提過泡澡可以調整心情。加入喜歡的入浴劑，泡在浴缸裡，閉上眼睛，心無雜念地享受「這一刻」。

心煩意亂的時候，就做幾次深呼吸。

睡前帶著感謝的心情，告訴自己：「感謝今天也是美好的一天。」

自我調整心情的祕訣，其實並不困難，只要培養一些小習慣，就能愉快地度過一天。調適心情也變得容易多了。

99

100

宣布今天要安穩度過

想要完全不會生氣或煩躁，安穩地度過一天，應該怎麼做呢？

我們可以想像所有問題都已經解決，無事一身輕的感覺，平時也可以刻意表現出沉穩的表情、態度和言行。

觀察一下，當你表現沉穩時，其他人會怎麼反應，或是有什麼改變。自己先改變，對方的反應或是交流方式也會發生改變。即使是微小的地方，你都應該感覺得到。

先告訴自己，今天這二十四小時無論如何都要沉穩應對。改變與人的交流方式，說話注意用字遣詞，實際演示完美的一天，你一定能感覺到周遭的改變。與所有人的關係改善了，一整天都沒有發生令人生氣的事，神清氣爽。

每個人都可以實踐這個方法，只要養成習慣，你肯定能感受到它的神奇效果。

午睡十五分鐘

許多研究都證實了午睡對身體有益。

下午一點到四點這段期間，只要小睡十五分鐘就會有顯著的效果，大腦歸零後重新啟動，專注力更新，反應會變得更靈活。刻意睡一下叫做強力小睡（Power Nap），十五分鐘左右的短暫小睡，可以達到最大效果。我們平時使用大腦的程度遠比想像的多，每天要接觸處理大量的信息，不自覺就會累積壓力，變得暴躁易怒。

能夠幫助我們緩解大腦疲勞的，就是午睡。午睡好處多多，包括提升專注力、減輕壓力、提高記憶力等效果。

有些人在辦公室要趴下來睡午覺前，會先喝杯咖啡。咖啡因在體內起作用的時間大約是十五分鐘，而這正好是午睡結束醒來的時間。有效率的午睡，能讓你更健康充實地度過一天。

後記

停止怒氣內耗，讓幸福的時間越多越好

非常感謝大家讀完這本書。

感覺如何呢？

閱讀的過程中，是否充分掌握了處理怒氣的方法呢？

我每次在研習場合分享完憤怒的本質與應對方法後，過幾天都會收到這樣的回饋：

「我發現以前每次生氣，我都會怪自己。」

「我以前總是選擇委屈自己，或許是這樣才助長了怒氣。」

「最近因為人際關係的煩惱變少了。」

「這陣子突然發現自己好像不那麼易怒了。」

「我學會讓自己開心了。」

我們每天都要傾聽許多人的煩惱，

「就是不懂為什麼生氣，才會不知道怎麼辦……」有這樣煩惱的人也相當多。

日復一日忙碌的生活，讓我們不自覺地煩躁，正是這樣的每一天，我們才需要重新認識自己的生活。

如果你發現自己常常容易生氣，或許是身心疲累的警訊。

不妨參考第五章介紹的方法，為自己安排放鬆的時間。

我在書中一再地提醒大家，生氣絕不是壞事。

怒氣產生的時候，可以誠實地傳達自己的心情，或是學會放下，無論哪一種，都是妥善處理情緒的好方法。

你不必學會全部方法，但誠心建議選幾項現階段作得到的實踐看看。

感謝WAVE出版的福士祐先生，以及西拉心理諮詢公司（Silas Consulting）的星野友繪小姐。因為他們的大力幫忙，我們才能精挑細選出這一百個停止怒氣內耗的方法，製作成這本有趣的書。真的非常感謝。

最後，謝謝讀完這本書的你，我衷心希望你的每一天都過得幸福快樂。

戶田久實

停止怒氣內耗
怒らない100の習慣

作　　者　戶田久實
繪　　者　日高直人
譯　　者　蔡昭儀
主　　編　林玟萱

總 編 輯　李映慧
執 行 長　陳旭華（steve@bookrep.com.tw）

出　　版　大牌出版 / 遠足文化事業股份有限公司
發　　行　遠足文化事業股份有限公司（讀書共和國出版集團）
地　　址　23141 新北市新店區民權路 108-2 號 9 樓
電　　話　+886-2-2218-1417
郵撥帳號　19504465 遠足文化事業股份有限公司

封面設計　FE 設計 葉馥儀
排　　版　新鑫電腦排版工作室
印　　製　中原造像股份有限公司
法律顧問　華洋法律事務所　蘇文生律師

定　　價　380 元
初　　版　2024 年 08 月

電子書 E-ISBN
9786267491515（EPUB）
9786267491508（PDF）

國家圖書館出版品預行編目資料

停止怒氣內耗 / 戶田久實 著 ; 日高直人 繪 ; 蔡昭儀 譯 .
-- 初版 . -- 新北市 : 大牌出版 , 遠足文化發行 , 2024.08
230 面 ; 14.8×21 公分
譯自 : 怒らない 100 の習慣
ISBN 978-626-7491-52-2（平裝）
1. 憤怒　2. 情緒管理

176.56　　113010460